Makeup Face Charts

Makeup Artists Blank Face Charts

This Notebook Belongs To:

____

Olivia Beautywerks-(2020)

Client Name:____ **Date:**________________

<u>Skin Care</u>

Cleanser_______________________________________

Serum____

Eye Cream_____________________________________

Face Cream____________________________________

Special Care___________________________________

<u>Correction</u>

Corrector_______________________________________

Concealer______________________________________

Brushes____

<u>Foundation</u>

Foundation_____________________________________

Brushes____

<u>Powder</u>

Powder____

Corrector______________________________________

Bronzers_______________________________________

Brushes____

<u>Lips</u>

Liner____

Color____

Product____

<u>Eyebrows</u>

Product____

<u>Eyes</u>

Highlighter_____________________________________

Shadow____

Lower Lid______________________________________

Brushes____

Liner____

Gel____

Mascara_______________________________________

<u>Blush</u>

Rouge____

Highlighter_____________________________________

Brushes____

Notes:____

____

____

____

____

____

____

Client Name:____**Date:**_________________

Skin Care

Cleanser_________________________________

Serum___________________________________

Eye Cream_______________________________

Face Cream______________________________

Special Care_____________________________

Correction

Corrector_______________________________

Concealer_______________________________

Brushes_________________________________

Foundation

Foundation______________________________

Brushes_________________________________

Powder

Powder__________________________________

Corrector_______________________________

Bronzers________________________________

Brushes_________________________________

Lips

Liner____________________________________

Color____________________________________

Product__________________________________

Eyebrows

Product__________________________________

Eyes

Highlighter______________________________

Shadow__________________________________

Lower Lid________________________________

Brushes_________________________________

Liner____________________________________

Gel_____________________________________

Mascara_________________________________

Blush

Rouge___________________________________

Highlighter______________________________

Brushes_________________________________

Notes:___________________________________

____

____

____

____

____

____

Client Name:____**Date:**_________________

<u>Skin Care</u>

Cleanser_____________________________________

Serum_______________________________________

Eye Cream___________________________________

Face Cream__________________________________

Special Care_________________________________

<u>Correction</u>

Corrector____________________________________

Concealer___________________________________

Brushes_____________________________________

<u>Foundation</u>

Foundation__________________________________

Brushes_____________________________________

<u>Powder</u>

Powder_____________________________________

Corrector___________________________________

Bronzers____________________________________

Brushes_____________________________________

<u>Lips</u>

Liner____

Color_______________________________________

Product_____________________________________

<u>Eyebrows</u>

Product_____________________________________

<u>Eyes</u>

Highlighter__________________________________

Shadow_____________________________________

Lower Lid___________________________________

Brushes_____________________________________

Liner_______________________________________

Gel____

Mascara____________________________________

<u>Blush</u>

Rouge______________________________________

Highlighter__________________________________

Brushes_____________________________________

Notes:____

____

____

____

____

____

____

Client Name:____ **Date:**______________

Skin Care

Cleanser_______________________________

Serum_________________________________

Eye Cream_____________________________

Face Cream____________________________

Special Care___________________________

Correction

Corrector______________________________

Concealer______________________________

Brushes________________________________

Foundation

Foundation_____________________________

Brushes________________________________

Powder

Powder________________________________

Corrector______________________________

Bronzers_______________________________

Brushes_______________________________

Lips

Liner__________________________________

Color_________________________________

Product_______________________________

Eyebrows

Product_______________________________

Eyes

Highlighter____________________________

Shadow_______________________________

Lower Lid_____________________________

Brushes_______________________________

Liner_________________________________

Gel__________________________________

Mascara______________________________

Blush

Rouge________________________________

Highlighter___________________________

Brushes______________________________

Notes:____

____

____

____

____

____

____

Client Name:____**Date:**_______________

Skin Care

Cleanser________________________________

Serum________________________________

Eye Cream________________________________

Face Cream________________________________

Special Care________________________________

Correction

Corrector________________________________

Concealer________________________________

Brushes________________________________

Foundation________________________________

Foundation________________________________

Brushes________________________________

Powder

Powder________________________________

Corrector________________________________

Bronzers________________________________

Brushes________________________________

Lips

Liner________________________________

Color________________________________

Product________________________________

Eyebrows

Product________________________________

Eyes

Highlighter________________________________

Shadow________________________________

Lower Lid________________________________

Brushes________________________________

Liner________________________________

Gel________________________________

Mascara________________________________

Blush

Rouge________________________________

Highlighter________________________________

Brushes________________________________

Notes:________________________________
____
____
____
____
____
____

Client Name:____ **Date:**_______________

Skin Care

Cleanser_________________________________

Serum___________________________________

Eye Cream_______________________________

Face Cream______________________________

Special Care_____________________________

Correction

Corrector________________________________

Concealer________________________________

Brushes_________________________________

Foundation

Foundation_______________________________

Brushes_________________________________

Powder

Powder__________________________________

Corrector________________________________

Bronzers________________________________

Brushes_________________________________

Lips

Liner____________________________________

Color___________________________________

Product_________________________________

Eyebrows

Product_________________________________

Eyes

Highlighter______________________________

Shadow_________________________________

Lower Lid_______________________________

Brushes________________________________

Liner___________________________________

Gel_____________________________________

Mascara________________________________

Blush

Rouge__________________________________

Highlighter______________________________

Brushes________________________________

Notes:____

____

____

____

____

____

____

Client Name:____**Date:**________________

Skin Care

Cleanser____

Serum____

Eye Cream____

Face Cream____

Special Care____

Correction

Corrector____

Concealer____

Brushes____

Foundation ____

Foundation____

Brushes____

Powder

Powder____

Corrector____

Bronzers____

Brushes____

Lips

Liner____

Color____

Product____

Eyebrows

Product____

Eyes

Highlighter____

Shadow____

Lower Lid____

Brushes____

Liner____

Gel____

Mascara____

Blush

Rouge____

Highlighter____

Brushes____

Notes:____

____

____

____

____

____

Client Name:____**Date:**_______________

Skin Care

Cleanser_________________________________

Serum___________________________________

Eye Cream_______________________________

Face Cream______________________________

Special Care_____________________________

Correction

Corrector________________________________

Concealer_______________________________

Brushes_________________________________

Foundation

Foundation______________________________

Brushes_________________________________

Powder

Powder_________________________________

Corrector_______________________________

Bronzers________________________________

Brushes________________________________

Lips

Liner____________________________________

Color___________________________________

Product_________________________________

Eyebrows

Product_________________________________

Eyes

Highlighter______________________________

Shadow_________________________________

Lower Lid_______________________________

Brushes________________________________

Liner___________________________________

Gel____________________________________

Mascara________________________________

Blush

Rouge__________________________________

Highlighter______________________________

Brushes________________________________

Notes:____

____

____

____

____

____

____

Client Name:____**Date:**_________________

Skin Care

Cleanser____

Serum____

Eye Cream____

Face Cream____

Special Care____

Correction

Corrector____

Concealer____

Brushes____

Foundation

Foundation____

Brushes____

Powder

Powder____

Corrector____

Bronzers____

Brushes____

Lips

Liner____

Color____

Product____

Eyebrows

Product____

Eyes

Highlighter____

Shadow____

Lower Lid____

Brushes____

Liner____

Gel____

Mascara____

Blush

Rouge____

Highlighter____

Brushes____

Notes:____

____

____

____

____

____

____

Client Name:____ **Date:**_________________

Skin Care

Cleanser_________________________________

Serum_________________________________

Eye Cream_________________________________

Face Cream_________________________________

Special Care_________________________________

Correction

Corrector_________________________________

Concealer_________________________________

Brushes_________________________________

Foundation_________________________________

Foundation_________________________________

Brushes_________________________________

Powder

Powder_________________________________

Corrector_________________________________

Bronzers_________________________________

Brushes_________________________________

Lips

Liner_________________________________

Color_________________________________

Product_________________________________

Eyebrows

Product_________________________________

Eyes

Highlighter_________________________________

Shadow_________________________________

Lower Lid_________________________________

Brushes_________________________________

Liner_________________________________

Gel_________________________________

Mascara_________________________________

Blush

Rouge_________________________________

Highlighter_________________________________

Brushes_________________________________

Notes:____

____

____

____

____

____

____

Client Name:____**Date:**______________

Skin Care

Cleanser____________________________________

Serum______________________________________

Eye Cream__________________________________

Face Cream_________________________________

Special Care_______________________________

Correction

Corrector__________________________________

Concealer__________________________________

Brushes____________________________________

Foundation

Foundation_________________________________

Brushes____________________________________

Powder

Powder_____________________________________

Corrector__________________________________

Bronzers___________________________________

Brushes____________________________________

Lips

Liner______________________________________

Color______________________________________

Product____________________________________

Eyebrows

Product____________________________________

Eyes

Highlighter________________________________

Shadow_____________________________________

Lower Lid__________________________________

Brushes____________________________________

Liner______________________________________

Gel____

Mascara____________________________________

Blush

Rouge______________________________________

Highlighter________________________________

Brushes____________________________________

Notes:____

____

____

____

____

____

____

Client Name:____ **Date**:_______________

Skin Care

Cleanser___________________________________

Serum____________________________________

Eye Cream_________________________________

Face Cream________________________________

Special Care______________________________

Correction

Corrector_________________________________

Concealer_________________________________

Brushes___________________________________

Foundation

Foundation________________________________

Brushes___________________________________

Powder

Powder____________________________________

Corrector_________________________________

Bronzers__________________________________

Brushes___________________________________

Lips

Liner_____________________________________

Color_____________________________________

Product___________________________________

Eyebrows

Product___________________________________

Eyes

Highlighter_______________________________

Shadow____________________________________

Lower Lid_________________________________

Brushes___________________________________

Liner_____________________________________

Gel_______________________________________

Mascara___________________________________

Blush

Rouge_____________________________________

Highlighter_______________________________

Brushes___________________________________

Notes:____

____

____

____

____

____

____

Client Name:____**Date:**________________

Skin Care

Cleanser_________________________________

Serum___________________________________

Eye Cream_______________________________

Face Cream______________________________

Special Care_____________________________

Correction

Corrector________________________________

Concealer________________________________

Brushes_________________________________

Foundation

Foundation_______________________________

Brushes_________________________________

Powder

Powder__________________________________

Corrector________________________________

Bronzers________________________________

Brushes_________________________________

Lips

Liner____________________________________

Color___________________________________

Product_________________________________

Eyebrows

Product_________________________________

Eyes

Highlighter______________________________

Shadow_________________________________

Lower Lid_______________________________

Brushes________________________________

Liner___________________________________

Gel____________________________________

Mascara________________________________

Blush

Rouge__________________________________

Highlighter______________________________

Brushes________________________________

Notes:____

____

____

____

____

____

____

Client Name:____**Date:**_______________

Skin Care

Cleanser______________________________________

Serum____

Eye Cream____________________________________

Face Cream___________________________________

Special Care__________________________________

Correction

Corrector_____________________________________

Concealer_____________________________________

Brushes______________________________________

Foundation____________________________________

Foundation___________________________________

Brushes______________________________________

Powder

Powder_______________________________________

Corrector_____________________________________

Bronzers_____________________________________

Brushes______________________________________

Lips

Liner____

Color____

Product______________________________________

Eyebrows

Product______________________________________

Eyes

Highlighter___________________________________

Shadow______________________________________

Lower Lid_____________________________________

Brushes______________________________________

Liner____

Gel____

Mascara______________________________________

Blush

Rouge____

Highlighter___________________________________

Brushes______________________________________

Notes:____

____

____

____

____

____

____

Client Name:____**Date:**______________

Skin Care

Cleanser__________________________________

Serum____________________________________

Eye Cream________________________________

Face Cream_______________________________

Special Care______________________________

Correction

Corrector_________________________________

Concealer________________________________

Brushes__________________________________

Foundation

Foundation_______________________________

Brushes__________________________________

Powder

Powder___________________________________

Corrector_________________________________

Bronzers_________________________________

Brushes__________________________________

Lips

Liner_____________________________________

Color____________________________________

Product__________________________________

Eyebrows

Product__________________________________

Eyes

Highlighter_______________________________

Shadow__________________________________

Lower Lid________________________________

Brushes_________________________________

Liner____________________________________

Gel_____________________________________

Mascara_________________________________

Blush

Rouge___________________________________

Highlighter_______________________________

Brushes_________________________________

Notes:___________________________________

____

____

____

____

____

____

Client Name:____**Date:**______________

Skin Care

Cleanser_________________________________

Serum_________________________________

Eye Cream_________________________________

Face Cream_________________________________

Special Care_________________________________

Correction

Corrector_________________________________

Concealer_________________________________

Brushes_________________________________

Foundation

Foundation_________________________________

Brushes_________________________________

Powder

Powder_________________________________

Corrector_________________________________

Bronzers_________________________________

Brushes_________________________________

Lips

Liner_________________________________

Color_________________________________

Product_________________________________

Eyebrows

Product_________________________________

Eyes

Highlighter_________________________________

Shadow_________________________________

Lower Lid_________________________________

Brushes_________________________________

Liner_________________________________

Gel_________________________________

Mascara_________________________________

Blush

Rouge_________________________________

Highlighter_________________________________

Brushes_________________________________

Notes:_________________________________

____

____

____

____

____

____

Client Name:____ Date:_________________

Skin Care

Cleanser_________________________________

Serum___________________________________

Eye Cream________________________________

Face Cream_______________________________

Special Care______________________________

Correction

Corrector_________________________________

Concealer________________________________

Brushes__________________________________

Foundation

Foundation_______________________________

Brushes__________________________________

Powder

Powder___________________________________

Corrector_________________________________

Bronzers_________________________________

Brushes__________________________________

Lips

Liner____________________________________

Color____________________________________

Product__________________________________

Eyebrows

Product__________________________________

Eyes

Highlighter_______________________________

Shadow__________________________________

Lower Lid________________________________

Brushes_________________________________

Liner____________________________________

Gel_____________________________________

Mascara_________________________________

Blush

Rouge___________________________________

Highlighter_______________________________

Brushes_________________________________

Notes:____

____

____

____

____

____

Client Name:____ **Date:**________________

Skin Care

Cleanser____

Serum____

Eye Cream______________________________________

Face Cream_____________________________________

Special Care____________________________________

Correction

Corrector_______________________________________

Concealer_______________________________________

Brushes____

Foundation _________________________________

Foundation_____________________________________

Brushes____

Powder

Powder____

Corrector_______________________________________

Bronzers____

Brushes____

Lips

Liner____

Color____

Product____

Eyebrows

Product____

Eyes

Highlighter_____________________________________

Shadow____

Lower Lid_______________________________________

Brushes____

Liner____

Gel____

Mascara____

Blush

Rouge____

Highlighter_____________________________________

Brushes____

Notes:____

____

____

____

____

____

____

Client Name:____ **Date:**_______________

Skin Care

Cleanser_________________________________

Serum_________________________________

Eye Cream_________________________________

Face Cream_________________________________

Special Care_________________________________

Correction

Corrector_________________________________

Concealer_________________________________

Brushes_________________________________

Foundation

Foundation_________________________________

Brushes_________________________________

Powder

Powder_________________________________

Corrector_________________________________

Bronzers_________________________________

Brushes_________________________________

Lips

Liner_________________________________

Color_________________________________

Product_________________________________

Eyebrows

Product_________________________________

Eyes

Highlighter_________________________________

Shadow_________________________________

Lower Lid_________________________________

Brushes_________________________________

Liner_________________________________

Gel_________________________________

Mascara_________________________________

Blush

Rouge_________________________________

Highlighter_________________________________

Brushes_________________________________

Notes:_________________________________

____

____

____

____

____

____

Client Name:____ **Date:**________________

Skin Care

Cleanser_______________________________

Serum_________________________________

Eye Cream_____________________________

Face Cream____________________________

Special Care___________________________

Correction

Corrector______________________________

Concealer_____________________________

Brushes_______________________________

Foundation

Foundation____________________________

Brushes_______________________________

Powder

Powder_______________________________

Corrector_____________________________

Bronzers______________________________

Brushes_______________________________

Lips

Liner__________________________________

Color_________________________________

Product______________________________

Eyebrows

Product______________________________

Eyes

Highlighter____________________________

Shadow______________________________

Lower Lid_____________________________

Brushes______________________________

Liner_________________________________

Gel__________________________________

Mascara______________________________

Blush

Rouge_______________________________

Highlighter___________________________

Brushes______________________________

Notes:____

____

____

____

____

____

____

Client Name:____ **Date:**_______________

Skin Care

Cleanser_______________________________________

Serum____

Eye Cream_____________________________________

Face Cream____________________________________

Special Care___________________________________

Correction

Corrector______________________________________

Concealer______________________________________

Brushes_______________________________________

Foundation

Foundation_____________________________________

Brushes_______________________________________

Powder

Powder____

Corrector______________________________________

Bronzers______________________________________

Brushes_______________________________________

Lips

Liner____

Color____

Procuct_______________________________________

Eyebrows

Product_______________________________________

Eyes

Highlighter____________________________________

Shadow_______________________________________

Lower Lid_____________________________________

Brushes______________________________________

Liner____

Gel____

Mascara______________________________________

Blush

Rouge____

Highlighter____________________________________

Brushes______________________________________

Notes:____

____

____

____

____

____

____

Client Name:____**Date:**_______________

Skin Care

Cleanser__________________________________

Serum__________________________________

Eye Cream__________________________________

Face Cream__________________________________

Special Care__________________________________

Correction

Corrector__________________________________

Concealer__________________________________

Brushes__________________________________

Foundation

Foundation__________________________________

Brushes__________________________________

Powder

Powder__________________________________

Corrector__________________________________

Bronzers__________________________________

Brushes__________________________________

Lips

Liner__________________________________

Color__________________________________

Product__________________________________

Eyebrows

Product__________________________________

Eyes

Highlighter__________________________________

Shadow__________________________________

Lower Lid__________________________________

Brushes__________________________________

Liner__________________________________

Gel__________________________________

Mascara__________________________________

Blush

Rouge__________________________________

Highlighter__________________________________

Brushes__________________________________

Notes:__________________________________

____

____

____

____

____

____

Client Name:____**Date:**________________

Skin Care

Cleanser_________________________________

Serum___________________________________

Eye Cream_______________________________

Face Cream______________________________

Special Care_____________________________

Correction

Corrector________________________________

Concealer_______________________________

Brushes_________________________________

Foundation

Foundation______________________________

Brushes_________________________________

Powder

Powder_________________________________

Corrector_______________________________

Bronzers________________________________

Brushes________________________________

Lips

Liner___________________________________

Color__________________________________

Product________________________________

Eyebrows

Product________________________________

Eyes

Highlighter_____________________________

Shadow________________________________

Lower Lid______________________________

Brushes_______________________________

Liner_________________________________

Gel__________________________________

Mascara______________________________

Blush

Rouge________________________________

Highlighter___________________________

Brushes______________________________

Notes:____

____

____

____

____

____

____

Client Name:____**Date:**________________

Skin Care

Cleanser___________________________________

Serum______________________________________

Eye Cream__________________________________

Face Cream_________________________________

Special Care________________________________

Correction

Corrector___________________________________

Concealer__________________________________

Brushes____________________________________

Foundation

Foundation_________________________________

Brushes____________________________________

Powder

Powder_____________________________________

Corrector__________________________________

Bronzers___________________________________

Brushes____________________________________

Lips

Liner_______________________________________

Color______________________________________

Product____________________________________

Eyebrows

Product____________________________________

Eyes

Highlighter_________________________________

Shadow____________________________________

Lower Lid__________________________________

Brushes____________________________________

Liner_______________________________________

Gel____

Mascara____________________________________

Blush

Rouge______________________________________

Highlighter_________________________________

Brushes____________________________________

Notes:_____________________________________

____

____

____

____

____

____

Client Name:____**Date:**_______________

Skin Care

Cleanser___________________________________

Serum___________________________________

Eye Cream___________________________________

Face Cream___________________________________

Special Care___________________________________

Correction

Corrector___________________________________

Concealer___________________________________

Brushes___________________________________

Foundation_______________________________

Foundation___________________________________

Brushes___________________________________

Powder

Powder___________________________________

Corrector___________________________________

Bronzers___________________________________

Brushes___________________________________

Lips

Liner___________________________________

Color___________________________________

Product___________________________________

Eyebrows

Product___________________________________

Eyes

Highlighter___________________________________

Shadow___________________________________

Lower Lid___________________________________

Brushes___________________________________

Liner___________________________________

Gel___________________________________

Mascara___________________________________

Blush

Rouge___________________________________

Highlighter___________________________________

Brushes___________________________________

Notes:____
____
____
____
____
____
____

Client Name:____**Date:**_______________

Skin Care

Cleanser_________________________________

Serum_________________________________

Eye Cream_________________________________

Face Cream_________________________________

Special Care_________________________________

Correction

Corrector_________________________________

Concealer_________________________________

Brushes_________________________________

Foundation

Foundation_________________________________

Brushes_________________________________

Powder

Powder_________________________________

Corrector_________________________________

Bronzers_________________________________

Brushes_________________________________

Lips

Liner_________________________________

Color_________________________________

Product_________________________________

Eyebrows

Product_________________________________

Eyes

Highlighter_________________________________

Shadow_________________________________

Lower Lid_________________________________

Brushes_________________________________

Liner_________________________________

Gel_________________________________

Mascara_________________________________

Blush

Rouge_________________________________

Highlighter_________________________________

Brushes_________________________________

Notes:____

____

____

____

____

____

____

____

Client Name:____**Date:**________________

Skin Care

Cleanser___________________________________

Serum_____________________________________

Eye Cream_________________________________

Face Cream________________________________

Special Care_______________________________

Correction

Corrector__________________________________

Concealer_________________________________

Brushes___________________________________

Foundation

Foundation________________________________

Brushes___________________________________

Powder

Powder____________________________________

Corrector_________________________________

Bronzers__________________________________

Brushes___________________________________

Lips

Liner______________________________________

Color_____________________________________

Product___________________________________

Eyebrows

Product___________________________________

Eyes

Highlighter________________________________

Shadow___________________________________

Lower Lid_________________________________

Brushes___________________________________

Liner_____________________________________

Gel______________________________________

Mascara__________________________________

Blush

Rouge____________________________________

Highlighter________________________________

Brushes___________________________________

Notes:____

____

____

____

____

____

____

Client Name:____**Date:**______________

Skin Care

Cleanser______________________________

Serum________________________________

Eye Cream_____________________________

Face Cream____________________________

Special Care___________________________

Correction

Corrector_____________________________

Concealer_____________________________

Brushes______________________________

Foundation

Foundation____________________________

Brushes______________________________

Powder

Powder_______________________________

Corrector_____________________________

Bronzers______________________________

Brushes______________________________

Lips

Liner_________________________________

Color________________________________

Product______________________________

Eyebrows

Product______________________________

Eyes

Highlighter____________________________

Shadow______________________________

Lower Lid_____________________________

Brushes______________________________

Liner_________________________________

Gel__________________________________

Mascara______________________________

Blush

Rouge_______________________________

Highlighter____________________________

Brushes______________________________

Notes:____

____

____

____

____

____

____

Client Name:____**Date:**________________

Skin Care

Cleanser_________________________________

Serum___________________________________

Eye Cream_______________________________

Face Cream______________________________

Special Care_____________________________

Correction

Corrector________________________________

Concealer_______________________________

Brushes_________________________________

Foundation

Foundation______________________________

Brushes_________________________________

Powder

Powder_________________________________

Corrector_______________________________

Bronzers________________________________

Brushes_________________________________

Lips

Liner____________________________________

Color___________________________________

Product_________________________________

Eyebrows

Product_________________________________

Eyes

Highlighter______________________________

Shadow_________________________________

Lower Lid_______________________________

Brushes________________________________

Liner___________________________________

Gel____________________________________

Mascara________________________________

Blush

Rouge__________________________________

Highlighter______________________________

Brushes________________________________

Notes:____

____

____

____

____

____

____

Client Name:____**Date:**________________

Skin Care

Cleanser_________________________________

Serum___________________________________

Eye Cream_______________________________

Face Cream______________________________

Special Care_____________________________

Correction

Corrector________________________________

Concealer_______________________________

Brushes_________________________________

Foundation

Foundation______________________________

Brushes_________________________________

Powder

Powder_________________________________

Corrector_______________________________

Bronzers________________________________

Brushes_________________________________

Lips

Liner___________________________________

Color___________________________________

Product_________________________________

Eyebrows

Product_________________________________

Eyes

Highlighter______________________________

Shadow_________________________________

Lower Lid_______________________________

Brushes_________________________________

Liner___________________________________

Gel____________________________________

Mascara________________________________

Blush

Rouge__________________________________

Highlighter______________________________

Brushes_________________________________

Notes:____

____

____

____

____

____

____

Client Name:____ **Date:**_______________

Skin Care

Cleanser____

Serum____

Eye Cream_______________________________________

Face Cream______________________________________

Special Care_____________________________________

Correction

Corrector____

Concealer____

Brushes____

Foundation

Foundation_______________________________________

Brushes____

Powder

Powder____

Corrector____

Bronzers____

Brushes____

Lips

Liner____

Color____

Product____

Eyebrows

Product____

Eyes

Highlighter______________________________________

Shadow____

Lower Lid____

Brushes____

Liner____

Gel____

Mascara____

Blush

Rouge____

Highlighter______________________________________

Brushes____

Notes:____

____

____

____

____

____

____

Client Name:____**Date:**_______________

Skin Care

Cleanser_________________________________

Serum___________________________________

Eye Cream_______________________________

Face Cream______________________________

Special Care_____________________________

Correction

Corrector________________________________

Concealer_______________________________

Brushes_________________________________

Foundation

Foundation______________________________

Brushes_________________________________

Powder

Powder_________________________________

Corrector_______________________________

Bronzers________________________________

Brushes_________________________________

Lips

Liner____________________________________

Color___________________________________

Product_________________________________

Eyebrows

Product_________________________________

Eyes

Highlighter______________________________

Shadow_________________________________

Lower Lid_______________________________

Brushes________________________________

Liner___________________________________

Gel____________________________________

Mascara________________________________

Blush

Rouge__________________________________

Highlighter______________________________

Brushes________________________________

Notes:____

____

____

____

____

____

____

Client Name:____**Date:**_________________

Skin Care

Cleanser____

Serum____

Eye Cream_______________________________________

Face Cream______________________________________

Special Care_____________________________________

Correction

Corrector____

Concealer_______________________________________

Brushes____

Foundation

Foundation_______________________________________

Brushes____

Powder

Powder____

Corrector____

Bronzers____

Brushes____

Lips

Liner____

Color____

Product____

Eyebrows

Product____

Eyes

Highlighter______________________________________

Shadow____

Lower Lid_______________________________________

Brushes____

Liner____

Gel____

Mascara____

Blush

Rouge____

Highlighter______________________________________

Brushes____

Notes:____

____

____

____

____

____

Client Name:____**Date:**________________

Skin Care

Cleanser_________________________________

Serum___________________________________

Eye Cream_______________________________

Face Cream______________________________

Special Care_____________________________

Correction

Corrector________________________________

Concealer_______________________________

Brushes_________________________________

Foundation

Foundation______________________________

Brushes_________________________________

Powder

Powder_________________________________

Corrector_______________________________

Bronzers_______________________________

Brushes________________________________

Lips

Liner____________________________________

Color___________________________________

Product_________________________________

Eyebrows

Product_________________________________

Eyes

Highlighter______________________________

Shadow_________________________________

Lower Lid_______________________________

Brushes________________________________

Liner___________________________________

Gel____________________________________

Mascara________________________________

Blush

Rouge__________________________________

Highlighter_____________________________

Brushes_______________________________

Notes:____

____

____

____

____

____

Client Name:____**Date:**________________

Skin Care

Cleanser_________________________________

Serum___________________________________

Eye Cream_______________________________

Face Cream______________________________

Special Care_____________________________

Correction

Corrector________________________________

Concealer_______________________________

Brushes_________________________________

Foundation

Foundation______________________________

Brushes_________________________________

Powder

Powder_________________________________

Corrector_______________________________

Bronzers________________________________

Brushes_________________________________

Lips

Liner____________________________________

Color___________________________________

Product_________________________________

Eyebrows

Product_________________________________

Eyes

Highlighter______________________________

Shadow_________________________________

Lower Lid_______________________________

Brushes________________________________

Liner___________________________________

Gel____________________________________

Mascara________________________________

Blush

Rouge__________________________________

Highlighter______________________________

Brushes________________________________

Notes:____

____

____

____

____

____

____

Client Name:____ **Date:**_______________

Skin Care

Cleanser_______________________________

Serum_______________________________

Eye Cream_______________________________

Face Cream_______________________________

Special Care_______________________________

Correction

Corrector_______________________________

Concealer_______________________________

Brushes_______________________________

Foundation

Foundation_______________________________

Brushes_______________________________

Powder

Powder_______________________________

Corrector_______________________________

Bronzers_______________________________

Brushes_______________________________

Lips

Liner_______________________________

Color_______________________________

Product_______________________________

Eyebrows

Product_______________________________

Eyes

Highlighter_______________________________

Shadow_______________________________

Lower Lid_______________________________

Brushes_______________________________

Liner_______________________________

Gel_______________________________

Mascara_______________________________

Blush

Rouge_______________________________

Highlighter_______________________________

Brushes_______________________________

Notes:____

____

____

____

____

____

____

Client Name:____**Date:**_________________

Skin Care

Cleanser_______________________________________

Serum____

Eye Cream_____________________________________

Face Cream____________________________________

Special Care___________________________________

Correction

Corrector______________________________________

Concealer______________________________________

Brushes_______________________________________

Foundation

Foundation____________________________________

Brushes_______________________________________

Powder

Powder____

Corrector______________________________________

Bronzers______________________________________

Brushes_______________________________________

Lips

Liner____

Color____

Product_______________________________________

Eyebrows

Product_______________________________________

Eyes

Highlighter____________________________________

Shadow_______________________________________

Lower Lid_____________________________________

Brushes_______________________________________

Liner____

Gel____

Mascara______________________________________

Blush

Rouge____

Highlighter___________________________________

Brushes______________________________________

Notes:____

____

____

____

____

____

____

Client Name:____**Date:**________________

Skin Care

Cleanser_________________________________

Serum___________________________________

Eye Cream_______________________________

Face Cream______________________________

Special Care_____________________________

Correction

Corrector________________________________

Concealer_______________________________

Brushes_________________________________

Foundation

Foundation______________________________

Brushes_________________________________

Powder

Powder_________________________________

Corrector_______________________________

Bronzers________________________________

Brushes_________________________________

Lips

Liner____________________________________

Color___________________________________

Product_________________________________

Eyebrows

Product_________________________________

Eyes

Highlighter______________________________

Shadow_________________________________

Lower Lid_______________________________

Brushes_________________________________

Liner___________________________________

Gel_____________________________________

Mascara________________________________

Blush

Rouge__________________________________

Highlighter______________________________

Brushes_________________________________

Notes:____

____

____

____

____

____

____

Client Name:____ **Date:**_______________

<u>Skin Care</u>

Cleanser____

Serum____

Eye Cream_______________________________________

Face Cream______________________________________

Special Care_____________________________________

<u>Correction</u>

Corrector____

Concealer_______________________________________

Brushes____

<u>Foundation</u>________________________________

Foundation______________________________________

Brushes____

<u>Powder</u>

Powder____

Corrector_______________________________________

Bronzers____

Brushes____

<u>Lips</u>

Liner____

Color____

Product____

<u>Eyebrows</u>

Product____

<u>Eyes</u>

Highlighter______________________________________

Shadow____

Lower Lid_______________________________________

Brushes____

Liner____

Gel____

Mascara____

<u>Blush</u>

Rouge____

Highlighter______________________________________

Brushes____

Notes:____

____

____

____

____

____

____

Client Name:____**Date:**________________

Skin Care

Cleanser_________________________________

Serum___________________________________

Eye Cream_______________________________

Face Cream______________________________

Special Care_____________________________

Correction

Corrector________________________________

Concealer_______________________________

Brushes_________________________________

Foundation

Foundation______________________________

Brushes_________________________________

Powder

Powder__________________________________

Corrector_______________________________

Bronzers________________________________

Brushes_________________________________

Lips

Liner____________________________________

Color___________________________________

Product_________________________________

Eyebrows

Product_________________________________

Eyes

Highlighter______________________________

Shadow_________________________________

Lower Lid_______________________________

Brushes________________________________

Liner___________________________________

Gel_____________________________________

Mascara________________________________

Blush

Rouge__________________________________

Highlighter_____________________________

Brushes________________________________

Notes:_________________________________

____

____

____

____

____

____

Client Name:____ **Date:**_______________

Skin Care

Cleanser_________________________________

Serum___________________________________

Eye Cream_______________________________

Face Cream______________________________

Special Care_____________________________

Correction

Corrector________________________________

Concealer_______________________________

Brushes_________________________________

Foundation

Foundation______________________________

Brushes_________________________________

Powder

Powder_________________________________

Corrector_______________________________

Bronzers________________________________

Brushes_________________________________

Lips

Liner____________________________________

Color___________________________________

Product_________________________________

Eyebrows

Product_________________________________

Eyes

Highlighter______________________________

Shadow_________________________________

Lower Lid_______________________________

Brushes________________________________

Liner___________________________________

Gel_____________________________________

Mascara________________________________

Blush

Rouge__________________________________

Highlighter_____________________________

Brushes________________________________

Notes:____

____

____

____

____

____

Client Name:____ **Date:**_______________

Skin Care

Cleanser___________________________________

Serum_____________________________________

Eye Cream_________________________________

Face Cream________________________________

Special Care_______________________________

Correction

Corrector__________________________________

Concealer_________________________________

Brushes___________________________________

Foundation

Foundation________________________________

Brushes___________________________________

Powder

Powder____________________________________

Corrector_________________________________

Bronzers__________________________________

Brushes___________________________________

Lips

Liner______________________________________

Color_____________________________________

Product___________________________________

Eyebrows

Product___________________________________

Eyes

Highlighter________________________________

Shadow___________________________________

Lower Lid_________________________________

Brushes___________________________________

Liner______________________________________

Gel_______________________________________

Mascara__________________________________

Blush

Rouge_____________________________________

Highlighter________________________________

Brushes___________________________________

Notes:____

____

____

____

____

____

____

Client Name:____ **Date:**________________

Skin Care

Cleanser_________________________________

Serum_________________________________

Eye Cream_________________________________

Face Cream_________________________________

Special Care_________________________________

Correction

Corrector_________________________________

Concealer_________________________________

Brushes_________________________________

Foundation

Foundation_________________________________

Brushes_________________________________

Powder

Powder_________________________________

Corrector_________________________________

Bronzers_________________________________

Brushes_________________________________

Lips

Liner_________________________________

Color_________________________________

Product_________________________________

Eyebrows

Product_________________________________

Eyes

Highlighter_________________________________

Shadow_________________________________

Lower Lid_________________________________

Brushes_________________________________

Liner_________________________________

Gel_________________________________

Mascara_________________________________

Blush

Rouge_________________________________

Highlighter_________________________________

Brushes_________________________________

Notes:____

____

____

____

____

____

____

Client Name:____**Date:**_______________

Skin Care

Cleanser__________________________________

Serum__________________________________

Eye Cream__________________________________

Face Cream__________________________________

Special Care__________________________________

Correction

Corrector__________________________________

Concealer__________________________________

Brushes__________________________________

Foundation

Foundation__________________________________

Brushes__________________________________

Powder

Powder__________________________________

Corrector__________________________________

Bronzers__________________________________

Brushes__________________________________

Lips

Liner__________________________________

Color__________________________________

Product__________________________________

Eyebrows

Product__________________________________

Eyes

Highlighter__________________________________

Shadow__________________________________

Lower Lid__________________________________

Brushes__________________________________

Liner__________________________________

Gel__________________________________

Mascara__________________________________

Blush

Rouge__________________________________

Highlighter__________________________________

Brushes__________________________________

Notes:____

____

____

____

____

____

____

Client Name:____ **Date**:____________________

Skin Care

Cleanser_______________________________________

Serum____

Eye Cream_____________________________________

Face Cream____________________________________

Special Care___________________________________

Correction

Corrector______________________________________

Concealer______________________________________

Brushes_______________________________________

Foundation

Foundation_____________________________________

Brushes_______________________________________

Powder

Powder____

Corrector______________________________________

Bronzers______________________________________

Brushes_______________________________________

Lips

Liner____

Color____

Product_______________________________________

Eyebrows

Product_______________________________________

Eyes

Highlighter____________________________________

Shadow_______________________________________

Lower Lid_____________________________________

Brushes______________________________________

Liner____

Gel____

Mascara______________________________________

Blush

Rouge____

Highlighter___________________________________

Brushes______________________________________

Notes:____

____

____

____

____

____

____

Client Name:____**Date**:________________

Skin Care

Cleanser_________________________________

Serum___________________________________

Eye Cream_______________________________

Face Cream______________________________

Special Care_____________________________

Correction

Corrector________________________________

Concealer_______________________________

Brushes_________________________________

Foundation

Foundation______________________________

Brushes_________________________________

Powder

Powder_________________________________

Corrector_______________________________

Bronzers________________________________

Brushes_________________________________

Lips

Liner____________________________________

Color___________________________________

Product_________________________________

Eyebrows

Product_________________________________

Eyes

Highlighter______________________________

Shadow_________________________________

Lower Lid_______________________________

Brushes________________________________

Liner___________________________________

Gel____________________________________

Mascara_______________________________

Blush

Rouge__________________________________

Highlighter_____________________________

Brushes_______________________________

Notes:____

____

____

____

____

____

____

Client Name:____**Date:**_______________

Skin Care

Cleanser___________________________________

Serum___________________________________

Eye Cream___________________________________

Face Cream___________________________________

Special Care___________________________________

Correction

Corrector___________________________________

Concealer___________________________________

Brushes___________________________________

Foundation

Foundation___________________________________

Brushes___________________________________

Powder

Powder___________________________________

Corrector___________________________________

Bronzers___________________________________

Brushes___________________________________

Lips

Liner___________________________________

Color___________________________________

Product___________________________________

Eyebrows

Product___________________________________

Eyes

Highlighter___________________________________

Shadow___________________________________

Lower Lid___________________________________

Brushes___________________________________

Liner___________________________________

Gel___________________________________

Mascara___________________________________

Blush

Rouge___________________________________

Highlighter___________________________________

Brushes___________________________________

Notes:___________________________________

____

____

____

____

____

Client Name:____**Date:**________________

Skin Care

Cleanser_________________________________

Serum___________________________________

Eye Cream_______________________________

Face Cream______________________________

Special Care_____________________________

Correction

Corrector________________________________

Concealer________________________________

Brushes__________________________________

Foundation

Foundation_______________________________

Brushes__________________________________

Powder

Powder__________________________________

Corrector________________________________

Bronzers________________________________

Brushes__________________________________

Lips

Liner____________________________________

Color___________________________________

Product_________________________________

Eyebrows

Product_________________________________

Eyes

Highlighter______________________________

Shadow_________________________________

Lower Lid_______________________________

Brushes_________________________________

Liner___________________________________

Gel_____________________________________

Mascara________________________________

Blush

Rouge__________________________________

Highlighter______________________________

Brushes_________________________________

Notes:____

____

____

____

____

____

____

Client Name:____**Date:**_______________

Skin Care

Cleanser___________________________________

Serum___________________________________

Eye Cream___________________________________

Face Cream___________________________________

Special Care___________________________________

Correction

Corrector___________________________________

Concealer___________________________________

Brushes___________________________________

Foundation___________________________________

Foundation___________________________________

Brushes___________________________________

Powder

Powder___________________________________

Corrector___________________________________

Bronzers___________________________________

Brushes___________________________________

Lips

Liner___________________________________

Color___________________________________

Product___________________________________

Eyebrows

Product___________________________________

Eyes

Highlighter___________________________________

Shadow___________________________________

Lower Lid___________________________________

Brushes___________________________________

Liner___________________________________

Gel___________________________________

Mascara___________________________________

Blush

Rouge___________________________________

Highlighter___________________________________

Brushes___________________________________

Notes:____

____

____

____

____

____

____

Client Name:____**Date:**________________

Skin Care

Cleanser________________________________

Serum__________________________________

Eye Cream______________________________

Face Cream_____________________________

Special Care____________________________

Correction

Corrector______________________________

Concealer______________________________

Brushes________________________________

Foundation

Foundation_____________________________

Brushes________________________________

Powder

Powder_________________________________

Corrector______________________________

Bronzers_______________________________

Brushes________________________________

Lips

Liner___________________________________

Color___________________________________

Product________________________________

Eyebrows

Product________________________________

Eyes

Highlighter_____________________________

Shadow________________________________

Lower Lid______________________________

Brushes________________________________

Liner___________________________________

Gel____________________________________

Mascara_______________________________

Blush

Rouge_________________________________

Highlighter_____________________________

Brushes________________________________

Notes:_________________________________

____

____

____

____

____

____

Client Name:____ **Date:**________________

Skin Care

Cleanser____

Serum____

Eye Cream_______________________________________

Face Cream______________________________________

Special Care____________________________________

Correction

Corrector_______________________________________

Concealer_______________________________________

Brushes____

Foundation__________________________________

Foundation______________________________________

Brushes____

Powder

Powder____

Corrector_______________________________________

Bronzers____

Brushes____

Lips

Liner____

Color____

Product____

Eyebrows

Product____

Eyes

Highlighter_____________________________________

Shadow____

Lower Lid_______________________________________

Brushes____

Liner____

Gel____

Mascara____

Blush

Rouge____

Highlighter_____________________________________

Brushes____

Notes:____

____

____

____

____

____

____

www.ingramcontent.com/pod-product-compliance
Lightning Source LLC
Chambersburg PA
CBHW081312250726
48662CB00008B/2533